8° F
7321

AF495229

LOIS ET DÉCRETS

RELATIFS A

LA VALUTA

PARIS
IMPRIMERIE PAUL DUPONT
4, RUE DU BOULOI, 4

1893

LOIS ET DECRETS

RELATIFS A

LA VALUTA

LOIS ET DÉCRETS

RELATIFS A

LA VALUTA

PARIS
IMPRIMERIE PAUL DUPONT
4, RUE DU BOULOI, 4

1898

Loi du 2 août 1892 établissant le système monétaire de la couronne

Avec l'assentiment des deux Chambres du Reichsrath, Nous ordonnons ce qui suit :

Article I.

Le système monétaire existant actuellement en Autriche est remplacé par l'étalon d'or, avec la couronne pour unité. La couronne est divisée en cent heller.

Art. II.

Le poids légal monétaire est le kilogramme avec ses divisions décimales, tel qu'il a été établi comme poids général par la loi du 23 juillet 1871. (Bulletin officiel n° 16 de 1872.)

Art. III.

Les monnaies d'or sont frappées dans la proportion d'alliage de 900 millièmes d'or et 100 millièmes de cuivre.

Un kilogramme d'or monnayé donne 2,952 couronnes, un kilogramme d'or fin, par conséquent, 3,280 couronnes.

Art. IV.

Il sera frappé en monnaies d'or de l'Etat :

a) Des pièces de 20 couronnes ;

b) Des pièces de 10 couronnes.

Un kilogramme d'or monnayé devra produire 147,6 pièces de 20 couronnes ou 295,2 pièces de 10 couronnes ; un kilogramme d'or fin 164 pièces de 20 couronnes ou 328 pièces de 10 couronnes.

La pièce de 20 couronnes a, par suite, le poids brut de 6,775067 et le poids fin de 6,09756 grammes; la pièce de 10 couronnes le poids brut de 3,3875338 et le poids fin de 3,04878 grammes.

Art. V.

Les monnaies porteront, à l'avers, notre buste ; sur le revers, l'aigle impériale avec l'indication de la valeur, 20 ou 10 couronnes, ainsi que l'année de la frappe. L'exergue portera en abréviation : « Franciscus Josephus I. D. G. Imperator Austriæ, Rex Bohemiæ, Galiciæ, Illyriæ, etc. et Apostolicus Rex Hungariæ. »

Le bord sera lisse et portera gravés, pour les pièces de 20 couronnes, les mots : « Viribus unitis » ; pour les pièces de 10 couronnes, une cannelure.

L'encadrement intérieur consistera pour les deux côtés en un rebord plat dont la circonférence intérieure est formée d'un rang de perles (perle contre perle).

Les pièces de 20 couronnes auront 21 millimètres, celles de 10 couronnes, 19 millimètres de diamètre.

ART. VI.

Il sera procédé à la frappe de ces monnaies avec la plus scrupuleuse exactitude de titre et de poids.

Au cas où, pour quelques pièces, il ne pourrait être obtenu une exactitude absolue, la marge de tolérance ne pourra dépasser, pour le poids brut, 2 millièmes, et pour le titre fin, 1 millième.

ART. VII.

Le poids de tolérance de la pièce de 20 couronnes est fixé à 6,74 grammes, celui de la pièce de 10 couronnes à 3,37 grammes.

Les pièces d'or dont la perte de poids à l'usure n'a pas excédé ces chiffres doivent être reçues en paiement dans toutes les caisses de l'État et autres caisses publiques, ainsi que dans les échanges entre particuliers, comme ayant le poids légal.

Par contre, les pièces qui par suite d'usure et de circulation prolongée n'atteignent plus le poids de tolérance seront retirées pour le compte de l'État à l'effet d'être refondues. En conséquence, les pièces d'or arrivées à cet état d'usure doivent être reçues pour leur valeur nominale par toutes les caisses de l'Etat et autres caisses publiques qui les feront parvenir à la Monnaie I. R. de Vienne par la voie de la caisse centrale de l'État I. R. à Vienne.

Les monnaies qui ont perdu de leur poids pour une raison autre que celle de la circulation sont également, le cas échéant, reçues à ces caisses et transmises à la refonte, sous la condition du paiement d'une soulte représentant la valeur en moins.

Art. VIII.

La frappe des monnaies d'or se fait pour le compte de l'État. Il peut également être frappé des pièces de vingt couronnes pour le compte de particuliers, mais alors seulement que la Monnaie I. R. n'est pas occupée pour le service de l'État.

Les droits de frappe à payer par les particuliers sont fixés par les règlements ; ils ne doivent pas néanmoins, pour les pièces de vingt couronnes, excéder au maximum 0.3 0/0 de la valeur.

Art. IX.

En dehors des monnaies d'or ci-dessus indiquées, il sera frappé comme monnaie commerciale, ainsi qu'il a été fait jusqu'à présent, des ducats autrichiens, au titre de $81\frac{189}{355}$ pièces au marc d'or fin (0,280668 kilogramme) contenant 23 carats 8 grains $\left(\frac{986\,1/9}{1000}.\right)$

Il ne sera plus frappé de pièces d'or de 4 et de 8 florins établies par la loi du 9 mars 1870. (Bulletin officiel n° 22.)

Art. X.

Les pièces de 2, 1, 1/4 de florin dont la frappe a été ordonnée par lettres patentes impériales du 19 septembre 1857 (Bulletin officiel n° 169), continueront à avoir cours légal. Il ne sera plus frappé de monnaie d'argent, valeur autrichienne, en dehors des quantités actuellement en possession de l'administration des finances, ou qui ont été acquises par elle dans un but de monnayage.

Aussi longtemps que les monnaies d'argent ci-dessus n'auront pas été exclues de la circulation, elles devront être reçues dans les caisses publiques et dans celles de l'État, chaque fois que le paiement est indiqué comme devant être fait en couronnes, ainsi que dans les transactions entre particuliers et cela, dans les proportions suivantes :

La pièce de 2 florins pour 4 couronnes,
— 1 — 2 —
— 1/4 — 50 heller.

Art. XI.

En dehors des monnaies d'or, il sera frappé également comme se rattachant au système monétaire de la couronne les pièces suivantes :

1° Monnaie d'argent :

La pièce de une couronne ;

2° Monnaies de nickel :

a) Pièce de vingt heller ;

b) Pièce de dix heller ;

3° Monnaies de bronze :

a) Pièce de deux heller ;

b) Pièce de un heller.

Art. XII.

Les pièces de une couronne seront frappées au titre de 835 millièmes d'argent et de 165 millièmes de cuivre.

Un kilogramme d'argent monnayé devra fournir 200 pièces de une couronne. Chaque pièce de une couronne aura, par conséquent, le poids de 5 grammes.

Dans la fabrication des pièces de une couronne, il devra être tenu exactement compte du poids et du titre normal. Dans le cas où une absolue exactitude ne pourrait être obtenue pour certaines pièces, la marge de tolérance en plus ou en moins ne doit pas excéder 3/1000 pour le titre fin et 10/1000 pour le poids.

Art. XIII.

Les pièces de une couronne porteront, à l'avers, notre buste, au revers, la couronne impériale, l'indication de la valeur, ainsi que l'année où elles ont été frappées. L'exergue portera : « Franciscus

Josephus I. D. G. Imperator Austriæ, Rex Bohemiæ, Galiciæ, Illyriæ, etc. et Apostolicus Rex Hungariæ ».

La tranche des pièces de une couronne sera lisse et portera en creux la devise : « Viribus unitis ».

Le diamètre des pièces de une couronne sera de 23 millimètres.

ART. XIV.

La frappe des pièces de une couronne n'est faite que pour le compte de l'État.

La quantité de pièces de une couronne à frapper est de 140 millions de couronnes.

Une ordonnance précisera les époques de la frappe et de la mise en circulation des pièces de une couronne.

ART. XV.

Les monnaies de nickel seront frappées en nickel pur. Un kilogramme de nickel pur fournira 250 pièces de 20 heller, ou 333 pièces de 10 heller.

L'avers des pièces de nickel portera l'aigle impériale, le revers, la valeur et l'année de la frappe.

La tranche sera cannelée.

Le diamètre sera pour les pièces de 20 heller de 21 millimètres, pour les pièces de 10 heller de 19 millimètres.

ART. XVI.

La frappe des monnaies de nickel n'est exécutée que pour le compte de l'État.

Il sera fabriqué des monnaies de nickel jusqu'à concurrence de 42 millions de couronnes.

Leur mise en circulation se fera au fur et à mesure du retrait des pièces divisionnaires de 20, 10 et 5 kreutzers, valeur autrichienne.

Une ordonnance précisera les dates auxquelles se feront la frappe et la mise en circulation de ces monnaies, ainsi que le retrait des monnaies divisionnaires d'argent, valeur autrichienne.

Art. XVII.

Les monnaies de bronze seront fabriquées d'un alliage de 95 parties de cuivre, 4 parties d'étain et une partie de zinc.

Un kilogramme de cet alliage devra donner :

a) 300 pièces de 2 heller.

b) 600 pièces de 1 heller.

L'avers des monnaies en bronze portera l'aigle impériale, le revers, la valeur et l'année de la frappe.

La tranche sera lisse.

Le diamètre de ces pièces sera de 19 et de 17 millimètres.

Art. XVIII.

La frappe des monnaies de bronze ne se fera que pour le compte de l'État et le montant total ne devra pas dépasser la valeur de 18,200,000 couronnes. Elles ne devront être émises qu'au fur et à mesure du retrait des pièces divisionnaires en cuivre de 4, 1 et 5/10 de kreutzer, valeur autrichienne.

Une ordonnance précisera les dates auxquelles se feront la frappe et la mise en circulation de ces monnaies, ainsi que le retrait des monnaies divisionnaires en cuivre.

Art. XIX.

Les pièces de une couronne ainsi que les monnaies de nickel et de bronze seront reçues en paiement à toutes les caisses de l'État et caisses publiques, au taux de leur valeur nominale, les pièces de une couronne sans limite, les pièces de nickel ou en bronze jusqu'à concurence de 10 couronnes.

En outre, toutes les caisses fonctionnant comme caisses d'échange devront les recevoir par voie d'échange contre des monnaies légales du pays (Art. 4 et 10), dans les conditions qui seront fixées par ordonnances d'une façon plus détaillée.

En ce qui concerne la circulation entre particuliers, il est établi que nul ne peut être forcé d'accepter comme paiement en pièces de une couronne plus de cinquante couronnes, en monnaie de nickel plus de dix couronnes, en monnaie de bronze plus de une couronne.

Art. XX.

Les dispositions du précédent article ne peuvent être invoquées pour les pièces trouées ou détériorées autrement que par l'usure, ni pour les pièces fausses. S'il arrive que des pièces fausses soient présentées aux caisses de l'État ou aux caisses publiques, elles doivent être saisies immédiatement sans indemnité et transmises à la Monnaie centrale I. R., à Vienne. Les pièces trouées ou ayant perdu de leur poids pour une raison autre que l'usure résultant de la circulation doivent, si elles se présentent dans les caisses publiques ou de l'État, être frappées d'une marque qui les rende impropres à la circulation légale.

Les monnaies d'argent, de nickel ou de bronze, qui, par suite de leur circulation prolongée ont perdu de leur poids ou ont eu leur empreinte effacée, devront être reçues en paiement par les caisses de l'État, ou pourront y être échangées, mais elles devront être retirées de la circulation et refondues aux frais de l'État.

Art. XXI.

Les pièces divisionnaires d'argent et de cuivre, en valeur autrichienne, dont la frappe a été ordonnée par lettres patentes impériales du 19 septembre 1857 (Bulletin officiel n° 169), par ordonnance impériale du 21 octobre 1860 (Bulletin officiel n° 230), par la loi du 1er juillet 1868 (Bulletin officiel n° 84), par la loi du 30 mars 1872 (Bulletin officiel, n° 44), par la loi du 16 avril 1878 (Bulletin officiel n° 55), par la loi du 26 février 1881 (Bulletin officiel n° 20), par la loi du 10 mars 1885 (Bulletin officiel n° 92), et par la loi du 10 juin 1891 (Bulletin officiel n° 90), resteront en circulation tant que leur retrait n'aura pas été ordonné.

Cette disposition sera prise par voie d'arrêté en concordance avec la mise en vigueur de la présente loi. Il sera également fixé dans la même forme jusqu'à quelle date les caisses de l'État seront tenues de recevoir les monnaies mises hors cours. Passé ce terme, toute obligation pour l'État de recevoir ces monnaies sera éteinte. Jusqu'à cette date et dans les conditions indiquées par l'article 10 de la loi du 1er juillet 1868 (Bulletin officiel n° 84), on devra recevoir en paiement lesdites monnaies, et cela, les pièces de 20 kreutzers pour la valeur de 40 heller, les pièces de 10 kreutzers pour une valeur de 20 heller, les pièces de 5 kreutzers pour une valeur de 10 heller, les pièces en cuivre de 4 kreutzers pour une valeur de 8 heller, celles de 1 kreutzer pour 2 heller, celles de 5/10 de kreutzer pour la valeur de 1 heller.

Art. XXII.

On continuera à frapper, comme monnaie commerciale, les thalers dits levantins à l'effigie de l'impératrice Marie-Thérèse, de glorieuse mémoire,

portant la date 1780 à l'aloi et au poids de l'époque, ainsi qu'il a été fait jusqu'à présent, c'est-à-dire pour 1 marc viennois d'argent fin (0,280668 kilogramme) 12 thalers au titre de 13 loth 6 grains d'argent pur $\left(\frac{833\ 1/3}{1.000}\right)$.

ART. XXIII.

Le papier-monnaie, valeur autrichienne, devra, jusqu'à son retrait de la circulation, être reçu à toutes les caisses de l'État et caisses publiques, ainsi que par les particuliers, pour tous les paiements à effectuer légalement en couronnes, et cela sur le pied de 2 couronnes pour 1 florin-papier, valeur autrichienne.

ART. XXIV.

Des lois spéciales détermineront l'établissement général du compte obligatoire en couronnes en même temps que seront réglées les dispositions de la circulation monétaire générale et les conditions de l'emploi du nouveau système (Art. 1) au point de vue du droit. Seront également fixées par des lois spéciales les décisions relatives aux monnaies d'argent continuant à circuler après la publication de la présente loi, pièces de 2, 1, et 1/4 de florin, valeur autrichienne, ainsi que les dispositions concernant le retrait des billets d'État, celles portant réglementation de la circulation du papier-monnaie et celles enfin concernant la reprise des paiements en espèces.

Néanmoins, tous les paiements qui légalement doivent être effectués en valeur autrichienne — espèces sonnantes ou non — pourront, à partir de la date où la présente loi entrera en vigueur, et au gré du débiteur, être faits en monnaie d'or système de la couronne, sous la condition que la pièce de 20 couronnes sera comptée pour 10 florins, val. autr. et la pièce de 10 couronnes pour 5 florins, valeur autrichienne.

La même disposition est applicable aux pièces de une couronne et à celles de nickel ou de bronze du système de la couronne, dans les conditions spécifiées par l'art. XIX de la présente loi, c'est-à-dire que la pièce de une couronne = 50 kreutzers, la pièce de 20 heller = 10 kreutzers, la pièce de 10 heller = 5 kreutzers, la pièce de 2 heller = 1 kreutzer et la pièce de 1 heller = 5/10 kreutzer, valeur autrichienne.

Art. XXV

La présente loi entre en vigueur en même temps que la loi qui autorise le ministère des Royaumes et Pays représentés au Reichsrath à conclure une convention monétaire avec le ministère des Pays de la Couronne de Hongrie.

BIBLIOTHÈQUE NATIONALE R.F. IMPRIMÉS

Art. XXVI.

Les ministres des Finances et de la Justice sont chargés de l'exécution de la présente loi.

Offensee, 2 *août* 1892.

François-Joseph.

Taaffe. Steinbach.

Schönborn.

Loi du 2 août 1892 par laquelle le ministère des Royaumes et Pays représentés au Reichsrath est autorisé à conclure une convention monétaire avec le ministère des Pays de la Couronne de Hongrie.

Avec l'assentiment des deux Chambres du Reichsrath, Nous ordonnons ce qui suit :

Le ministère des Royaumes et Pays représentés au Reichsrath est autorisé, en vertu du paragraphe 2, ligne 3 de la loi du 21 décembre 1867 (Bulletin officiel nº 146), relatif aux affaires communes à tous les Pays de la Monarchie autrichienne et à la façon de les traiter, à conclure avec le ministère des Pays de la Couronne de Hongrie la convention monétaire suivante :

Article I.

Dans les deux Pays de la Monarchie sera établi en lieu et place du système de valeur autrichienn en vigueur jusqu'à ce jour, le système de la monnaie d'or dont l'unité est la couronne.

La couronne est divisée en 100 heller.

Art. II.

Le poids fondamental de la monnaie est le kilogramme avec ses subdivisions décimales.

Art. III.

Un kilogramme d'or monnayé à l'alliage de 900 millièmes d'or et 100 millièmes de cuivre devra produire 2,952 couronnes, par conséquent un kilogramme d'or fin produira 3,280 couronnes.

Art. IV.

Les monnaies d'or à frapper seront : *a*) les pièces de vingt couronnes ; *b*) les pièces de dix couronnes.

Un kilogramme d'or monnayé produira 147,6 pièces de 20 couronnes, ou 295,2 pièces de 10 couronnes ; par suite un kilogramme d'or fin produira 164 pièces de 20 couronnes ou 328 pièces de 10 couronnes.

La pièce de 20 couronnes aura donc un poids brut de 6,775067 grammes et un poids fin de 6,09756 grammes, la pièce de 10 couronnes un poids brut de 3,3875338 grammes et un poids fin de 3,04878 grammes.

Le diamètre sera :

Pour les pièces de 20 couronnes de 21^{mm}.

Pour les pièces de 10 couronnes de 19^{mm}.

L'inscription sur ces pièces devra indiquer nettement leur valeur, 20 couronnes ou 10 couronnes, et l'année de la frappe. La façon de ces pièces d'or devra concorder, autant que possible, avec celle des diverses monnaies du système de la couronne. Il sera statué à ce sujet, après entente entre le ministre impérial royal autrichien et le ministre royal des finances de Hongrie.

Le procédé de frappe pour cette monnaie d'or devra assurer la plus complète exactitude de titre et de poids.

Dans le cas où la complète exactitude ne pourrait être obtenue pour quelques pièces, la marge de tolérance ne devra pas dépasser, pour le poids fin, 1/1000 et pour le poids brut 2/1000.

ART. V.

Les monnaies d'or du système de la couronne devront être frappées par les deux Gouvernements dans leur Monnaie respective et pour le compte de chaque Gouvernement. La frappe n'en est pas limitée.

Les deux Gouvernements pourront, en outre, autoriser la frappe de pièces de 20 couronnes pour le compte de particuliers en tant que leurs établissements de Monnaies ne seront pas occupés pour le service de l'État.

Les droits de frappe pour le compte des particuliers ne pourront dépasser, pour les pièces de 20 couronnes, 0,3 0/0 de la valeur.

La fixation des droits de frappe dans les limites maxima ci-dessus indiquées sera l'objet d'une entente entre les deux ministres des finances et sera réglée par une ordonnance. Les autres conditions relatives à la frappe pour le compte de particuliers seront également l'objet d'une ordonnance et seront réglées sur des bases communes à déterminer.

Art. VI.

Les pièces d'or mises en circulation dans les deux parties de l'Empire, suivant les dispositions ci-dessus énoncées et qui par cette circulation ne seront pas tombées en dessous du poids de tolérance ci-dessus indiqué, devront dans les deux territoires, à toutes les caisses de l'Etat ou autres caisses publiques, ainsi qu'entre particuliers, être reçues en paiement pour leur poids entier.

Le poids de tolérance est, pour la pièce de 20 couronnes, de 6,74 grammes, pour la pièce de 10 couronnes, de 3,37 grammes.

Les monnaies d'or qui, par suite d'une circulation prolongée et d'usure, sont tombées au-dessous du poids de tolérance devront néanmoins être acceptées à leur valeur nominale par les caisses publiques et celles de l'État, mais devront être retirées de la circulation et dirigées sur la Caisse centrale de l'État.

Les monnaies de frappe indigène sont envoyées par la Caisse centrale de l'État à la Monnaie pour y être refondues. Les monnaies retirées de la circulation portant l'empreinte de l'autre partie de l'Empire sont versées pour la refonte à l'administration financière de cette partie, contre une quantité égale de pièces ayant force libératoire.

Une convention sera établie à ce sujet entre les ministres des finances des deux pays.

Les monnaies qui, pour une autre cause que la circulation ordinaire, auraient perdu de leur poids, seront retirées également par les caisses publiques des deux parties de l'Empire et remboursées non à leur valeur nominale, mais à la valeur de leur titre d'or pur et dirigées dans les mêmes conditions aux établissements monétaires pour y être refondues.

Art. VII.

Les deux Gouvernements ne pourront faire frapper dans leurs établissements monétaires d'autres monnaies d'or que les monnaies ci-dessus énoncées du système de la couronne.

Il ne sera plus frappé ni dans l'un ni dans l'autre des territoires de pièces d'or de huit et de quatre florins, créées par la loi du 9 mars 1870 (Bulletin officiel n° 22), et l'article 12 de la loi de 1869.

Chacune des parties contractantes sera libre de faire frapper des ducats dans les conditions édictées par l'article 20 de la loi du 19 septembre 1857 (Bulletin officiel n° 169), et l'article 7 de la loi de 1868.

Art. VIII.

En dehors des monnaies d'or, il sera frappé

également les pièces suivantes se rapportant au système de la couronne.

1° Monnaie d'argent :

Pièce de une couronne.

2° Monnaies de nickel :

a) Pièce de vingt heller.

b) Pièce de dix heller.

3° Monnaies de bronze :

a) Pièce de deux heller.

b) Pièce de un heller.

Les pièces de une couronne sont frappées au titre de 835 millièmes d'argent et 165 millièmes de cuivre. Un kilogramme d'argent monnayé produit 200 pièces de une couronne. Les pièces de une couronne pèseront, par suite, 5 grammes. La plus scrupuleuse exactitude de poids et de titre devra présider à leur fabrication.

Si l'absolue exactitude de poids et de titre ne peut être obtenue pour quelques pièces, la marge de tolérance en plus ou en moins ne pourra dépasser 3/1000 pour le titre et 10/1000 pour le poids.

Le diamètre de la pièce de une couronne sera de 23 millimètres.

Les pièces de nickel seront frappées en nickel pur. Avec un kilogramme de nickel pur, il sera frappé 250 pièces de 20 heller, ou 333 pièces de 10 heller.

Le diamètre sera, pour les pièces de 20 heller,

de 21 millimètres, pour les pièces de 10 heller, de 19 millimètres.

Les monnaies de bronze seront faites avec un alliage de 95 parties de cuivre, 4 parties d'étain et 1 partie de zinc. Un kilogramme de cet alliage donnera 300 pièces de 2 heller ou 600 de 1 heller. Le diamètre des pièces de 2 heller sera de 19 millimètres, celui des pièces de 1 heller de 17 millimètres.

Art. IX.

La frappe des pièces de une couronne et des autres monnaies de nickel et de bronze ne peut, dans les deux territoires, être effectuée que pour le compte de l'État.

Il sera frappé d'abord, dans les deux États, pour une somme totale de 200 millions en pièces de une couronne. La date à laquelle la frappe et la mise en circulation auront lieu sera l'objet d'une convention entre les deux ministres et sera réglée par ordonnance.

Il sera frappé d'abord dans les deux États des pièces de nickel pour une somme de 60 millions de couronnes. La frappe et la mise en circulation se feront également après accord et publication officielle des dates; cette émission devra coïncider avec le retrait des monnaies divisionnaires en argent de 20, 10 et 5 kreutzers, valeur autrichienne.

Il sera frappé, d'abord, dans les deux Etats,

des monnaies de bronze pour un total de 26 millions de couronnes.

La frappe et l'émission auront lieu des deux parts, après entente préalable, à des dates publiées d'avance et devront concorder avec le retrait des monnaies de cuivre de 4, de 1 et de 5/10 kreutzer, valeur autrichienne.

Art. X.

Les contingents de pièces de une couronne, de pièces en nickel et de pices de bronze, fixés par l'article 10, seront partagés dans le rapport de 70 à 30 entre les Royaumes et États représentés au Reichsrath et les Pays de la Couronne de Hongrie.

Les deux États supporteront, dans la même proportion, les frais de retrait des anciennes monnaies de toute espèce, valeur autrichienne.

Art. XI.

Les deux Gouvernements s'engagent à recevoir à leur valeur nominale, dans toutes les caisses publiques ou de l'État, les pièces de une couronne et celles de nickel et de bronze frappées par eux, les pièces de une couronne sans limites, les pièces de nickel et de bronze, jusqu'à concurrence de 10 couronnes.

En outre, les caisses fonctionnant comme guichets d'échange dans les deux pays devront échanger, sans restriction, ces monnaies contre des monnaies légales du pays, dans les conditions à fixer et à publier par voie officielle par les deux Gouvernements.

En ce qui touche la circulation privée, il est établi que nul ne pourra être forcé d'accepter en paiement dans les deux pays, en monnaie du système de la couronne, plus de 50 couronnes en pièces de une couronne, plus de 10 couronnes en pièces de nickel, et plus de une couronne en bronze.

Ces décisions ne sont pas applicables aux pièces trouées ou amoindries, quant au poids, pour une raison autre que celle de l'usure produite par la circulation, ni aux pièces fausses.

S'il est présenté aux caisses de l'État ou aux autres caisses publiques des pièces fausses d'une façon quelconque, elles devront être saisies, sans indemnité aucune, et envoyées à la Monnaie de l'Etat sur le territoire duquel cette saisie aura été opérée.

Si la pièce fausse est à l'empreinte de l'autre moitié de l'Empire, la Monnaie de cet État devra être avisée par celle à qui la pièce fausse a été envoyée. Les pièces frappées dans l'un ou l'autre Etat qui seraient perforées ou amoindries, quant au poids, pour une cause autre que celle provenant de la circulation, doivent être, si elles sont présentées aux caisses publiques de l'un ou de l'autre État, frappées d'une marque qui les mette hors de cours légal. Il n'est en rien dérogé aux prescriptions de l'article 6, relatives à la monnaie d'or.

Les pièces de une couronne, les pièces de nickel ou de bronze qui, par suite de circulation prolongée, auraient perdu de leur poids légal ou dont l'empreinte serait devenue méconnaissable, sont reçues en paiement, ou en échange par les caisses publiques, mais elles devront être retirées de la circulation et expédiées à la Caisse centrale de l'État sur le territoire duquel elles ont été reçues.

Les monnaies de frappe indigène devront immédiatement être expédiées par la Caisse centrale de l'État à la Monnaie pour y être refondues. Les pièces retirées de la circulation, portant l'empreinte de l'autre partie de l'Empire, sont reprises par le Gouvernement de cet État pour leur valeur nominale et envoyées également à la refonte.

Une convention entre les deux ministres des finances réglera l'exécution de ces prescriptions.

Art. XII.

Les pièces en argent de 2, 1 et 1/4 de florin, valeur autrichienne, frappées en vertu des lettres patentes impériales du 19 septembre 1857 (Bulletin officiel n° 169) et les pièces de 1 florin, valeur autrichienne, frappées en vertu de l'article 7 de la loi de 1868, et de l'article 12 de la loi de 1869, continueront, jusqu'à nouvel ordre, à avoir cours légal dans les deux pays de la Monarchie.

Les Gouvernements des deux pays s'engagent à ne plus frapper de monnaies en argent de valeur autrichienne, au delà des limites de la quantité d'argent formant l'avoir actuel des administrations des finances ou qu'elles ont déjà acquises dans un but monétaire.

L'inventaire de ces quantités sera fait d'accord par des délégués des deux ministres.

En règle générale, les acquisitions d'argent destinées au monnayage ne pourront se faire qu'après entente préalable des deux ministres des finances.

Tant que les pièces en argent ne seront pas démonétisées, elles devront être reçues par toutes les caisses de l'État et autres caisses publiques, ainsi qu'entre particuliers des deux États, pour tous les paiements à effectuer légalement en couronnes, et cela dans les proportions suivantes :

La pièce de 2 florins = 4 couronnes ;

La pièce de 1 florin = 2 couronnes ;

La pièce de 1/4 de florin = 50 heller.

Art. XIII.

Continueront à avoir cours dans les deux États, jusqu'à ce que leur démonétisation ait été promulguée, les pièces divisionnaires argent et cuivre, instituées par les lettres patentes impériales du

19 septembre 1857 (Bulletin officiel n° 169), l'ordonnance impériale du 21 octobre 1860 (Bulletin officiel n° 230), la loi du 1er juillet 1868 (Bulletin officiel n° 84), la loi du 30 mars 1872 (Bulletin officiel n° 44), la loi du 16 avril 1878 (Bulletin officiel n° 55), la loi du 26 février 1881 (Bulletin officiel n° 20), la loi du 10 mars 1885 (Bulletin officiel n° 92), la loi du 10 juin 1891 (Bulletin officiel n° 90), ainsi qu'en vertu des articles de loi hongroise :

Art. VII, loi de 1868 ; art. XII, loi de 1869,
» XXIV » 1870 ; » VI, » 1878,
» XXIV » 1879 ; » VII, » 1881,
» XII, » 1885 ; » XXII, » 1891.

Cette disposition devra être prise en exécution de la présente loi, après entente entre les deux Gouvernements et par voie d'ordonnance.

Ces monnaies devront, jusqu'à cette date, être acceptées légalement pour tous les paiements, dans les proportions suivantes : la pièce de 20 kreutzers pour 40 heller, la pièce de 10 kreutzers pour 20 heller, la pièce de 5 kreutzers pour 10 heller, les pièces de cuivre de 4 kreutzers pour 8 heller, la pièce de 1 kreutzer pour 2 heller, la pièce de 5/10 de kreutzer pour 1 heller.

Art. XIV.

Il est réservé au Gouvernement des Royaumes et États représentés aux Reichsrath de continuer la fabrication des thalers dit du Levant, dans le sens de l'art. 19 des lettres patentes impériales du 19 septembre 1857 (Bulletin officiel n° 169); toutefois, ces thalers ne jouissent pas de la valeur légale pour les paiements dans le sens du paragraphe 11 des lettres patentes impériales du 27 avril 1858 (Bulletin officiel n° 63).

Art. XV.

Les monnayages des deux États sont contrôlés réciproquement par les bureaux généraux d'essayage des deux pays.

Une entente entre les deux ministres des finances réglera l'exécution de cette prescription.

Sous le contrôle de l'État il sera fait des pesées cachetées, ayant les unes le poids normal, les autres le poids de tolérance des monnaies d'or du pays. Ces pesées seront vendues à un prix fixé après entente entre les deux ministres des finances et publié par les voies officielles.

Art. XVI.

A la fin de chaque mois les deux Gouvernements devront se communiquer réciproquement un état des pièces nouvelles frappées et émises dans le courant du mois, ainsi qu'un état des pièces retirées de la circulation et refondues, en indiquant la nature des pièces, leur titre et leur poids.

Les deux ministres des finances auront à se

communiquer également toutes les lois et ordonnances qui seront publiées pour la réglementation du système monétaire dans le sens des présentes conventions.

Art. XVII.

Jusqu'à leur retrait, les billets de valeur autrichienne devront être acceptés dans les deux États par toutes les caisses de l'État et autres caisses publiques, ainsi qu'entre particuliers pour tous paiements qui légalement doivent être effectués en couronnes, à raison de deux couronnes pour un florin, valeur autrichienne.

Art. XVIII.

L'introduction générale du compte obligatoire en couronnes pour concorder avec la circulation générale monétaire, ainsi que les dispositions au sujet des pièces en argent de 2, 1 et 1/4 de florin devant, aux termes de la convention actuelle, continuer à avoir cours, seront, après entente sur les principes, l'objet d'une loi que publieront les deux États.

Les deux Gouvernements devront également procéder à une entente préalable à la présentation des lois qui auront à réglementer l'application du système de la couronne dans les relations judiciaires.

Toutefois, aussitôt que la présente convention entrera en vigueur dans les deux États, tous les paiements à effectuer légalement en monnaies de valeur autrichienne, espèces sonnantes ou non, soit dans les caisses de l'État ou autres caisses publiques, soit entre particuliers, pourront être faits, au gré du débiteur, en monnaie d'or, système de la couronne, à l'empreinte de l'un ou de l'autre pays, sur la base de la pièce de 20 couronnes comptée pour une valeur de 10 florins, valeur autrichienne, de la pièce de 10 couronnes pour une valeur de 5 florins, valeur autrichienne.

Cette prescription est de même applicable à la pièce de une couronne ainsi qu'aux pièces en nickel et en bronze du système de la couronne, dans les conditions de valeur énoncées dans l'art. XI de la présente convention, c'est-à-dire que la pièce de une couronne est comptée pour une valeur de 50 kreutzers, valeur autrichienne, la pièce de 20 heller pour une valeur de 10 kreutzers, valeur autrichienne; la pièce de 10 heller pour une valeur de 5 kreutzers, valeur autrichienne; la pièce de 2 heller pour une valeur d'un kreutzer, valeur autrichienne, et la pièce de un heller pour 5/10 de kreutzer, valeur autrichienne.

Art. XIX.

Les Gouvernements des deux États devront, en temps opportun, d'un commun accord, présenter aux deux Assemblées législatives un projet sur le retrait des billets d'État.

Les frais de retrait de ces billets, formant une dette flottante commune, ne seront supportés en commun que jusqu'à concurrence de 312 millions de florins, valeur autrichienne, et dans la proportion de 70 0/0 par les Royaumes et États représentés au Reichsrath et de 30 0/0 par les pays de la Couronne de Hongrie.

Au sujet de la marche à suivre pour le retrait des billets, il a été convenu dès à présent entre les deux Gouvernements qu'on opérerait tout d'abord le retrait des billets de 1 florin à rembourser en valeur légale quelconque, billets de l'État exceptés. Les billets retirés de la circulation devront être détruits et le montant de ces billets, soit 312 millions, devra être déduit comme étant amorti du compte général des billets d'État en circulation.

Des conventions seront passées en temps et lieu entre les deux Gouvernements pour la réglementation de la circulation du papier ainsi que pour la reprise des paiements en espèces.

Art. XX.

Le présent traité est valable jusqu'à la fin de l'année 1910.

Dans le cas où il serait, un an avant expiration, dénoncé par l'une ou l'autre partie contractante, les monnaies frappées conventionnellement de part et d'autre auraient cours forcé sur les deux territoires pendant deux années au moins après l'expiration du traité. En même temps les deux Gouvernements s'engagent à conserver, pendant la même durée, le système de la couronne avec toutes les conséquences conventionnellement acceptées.

Après expiration du délai, chaque Gouvernement sera tenu de reprendre contre indemnité en monnaie légale du pays détenteur, les pièces de une couronne ainsi que les pièces en nickel et en cuivre frappées par lui.

Tout droit à cette reprise expire au bout d'une nouvelle année.

Dans le cas où le présent traité ne serait pas dénoncé une année avant son expiration, il continuerait de droit pendant dix nouvelles années.

Par ce fait même, toutes les prescriptions en resteraient en vigueur pendant la période de prolongation.

Art. XXI.

Immédiatement après la mise en vigueur du présent traité, les deux Gouvernements continueront leurs négociations au sujet de la comptabilité obligatoire suivant le système de la couronne, ainsi qu'au sujet de la circulation du papier-monnaie et de la reprise des paiements en espèces, en prévision des dispositions légales à prendre en commun.

Art. XXII.

Le présent traité est exécutoire du jour de sa publication qui sera fixé d'un commun accord par les deux Gouvernements, dans les deux parties de la Monarchie.

Offensee, le 2 août 1892.

	Signé : François-Joseph.
Taaffe.	Falkenhayn.
Prazak.	Welsersheimb.
Gautsch.	Bacquehem.
Schönborn.	Zaleski.
Steinbach.	Kuenburg.

Loi du 2 août 1892 concernant le paiement en monnaies d'or d'État des engagements portant paiement en florins or.

Avec l'assentiment des deux Chambres du Reichsrath, Nous ordonnons ce qui suit :

ARTICLE I.

Les engagements portant paiement en florins or autrichiens ou hongrois effectifs pourront être effectués en monnaies d'or de l'État frappées dans l'un ou l'autre des deux pays, et ce au gré du débiteur, en vertu de l'art. 2 de la présente loi, fixant la valeur proportionnelle conformément à la loi par laquelle le ministre des Royaumes et États représentés au Reichsrath et le ministre des pays de la Couronne de Hongrie sont autorisés à conclure une convention monétaire et à la loi qui établit le système de la couronne.

ART. II.

Pour des paiements de cette nature et conformément au principe du paragraphe 989, a, b, C. B. (*Bulletin des lois*), en vertu duquel la valeur intrinsèque d'une dette doit rester invariable, il y a lieu de compter 42 florins or autrichiens ou hongrois pour 100 couronnes or du système de la couronne.

Art. III.

Ces prescriptions sont également applicables aux paiements à effectuer à la Douane.

Art. IV.

La présente loi entrera en vigueur en même temps que celle par laquelle le ministre des Royaumes et États représentés au Reichsrath est autorisé à conclure une convention monétaire avec le ministre de la Couronne de Hongrie.

Art. V.

Les ministres des Finances, de la Justice et du Commerce sont chargés de l'exécution de la présente loi.

Offensee, 2 août 1892.

François-Joseph.

Taaffe. Steinbach.

Schönborn. Bacquehem.

Loi du 2 août 1892, portant modification de l'article 87 des Statuts de la Banque Austro-Hongroise.

Avec l'assentiment des deux Chambres du Reichsrath, Nous ordonnons ce qui suit :

ARTICLE I.

A l'article 87 des Statuts de la Banque austro-hongroise tel qu'il a été fixé par la loi du 27 juin 1878 (Bulletin officiel n° 66), et maintenu par la loi du 21 mai 1887 (Bulletin officiel n° 51), pour la période de prolongation du privilège du 1er janvier 1888 au 31 décembre 1897, il y a lieu d'ajouter ce qui suit :

« La Banque est tenue de recevoir, en tous « temps et à réquisition contre des billets, la « monnaie or légale à sa valeur nominale et des « lingots or au taux légal de la monnaie ayant « pour étalon le système de la couronne.

« La Banque est autorisée à faire essayer « par des spécialistes désignés par elle les lin- « gots présentés, et cela aux frais du vendeur, « ainsi qu'à déduire de la valeur le prix de frappe « fixé par les Gouvernements. »

Art. II.

Notre ministre des Finances est chargé de l'exécution de la présente loi qui entrera en vigueur en même temps que la loi qui autorise le ministre des Royaumes et États représentés au Reichsrath à conclure une convention monétaire avec le ministère des États de la Couronne de Hongrie.

Offensee, 2 août 1892.

François-Joseph.

Taaffe. Steinbach.

Loi du 2 août 1892 qui autorise le ministre des finances à émettre un emprunt pour se procurer l'or nécessaire à la frappe de monnaie d'or du système de la couronne, et qui indique les mesures d'exécution et de contrôle relatives à ces nouvelles monnaies.

Avec l'assentiment des deux Chambres du Reichsrath, Nous ordonnons ce qui suit :

Article I.

Le ministre des finances est autorisé à contracter un emprunt au moyen d'une émission de rentes 4 0/0 or, créées par la loi du 18 mars 1876 (Bulletin officiel n° 35), emprunt nécessaire pour le rachat en or effectif de cent quatre-vingt-trois millions quatre cent cinquante-six mille florins or autrichiens.

Art. II.

La somme en or ainsi obtenue est destinée à la frappe immédiate de monnaies d'or, système de la couronne.

Art. III.

Ces monnaies d'or doivent être versées à la Caisse centrale I. R. de l'État ou mises en dépôt spécial à la Banque austro-hongroise par ordre et pour le compte de l'administration des finances.

Art. IV.

ne pourra être disposé des sommes ainsi mises en dépôt, suivant l'article précédent, qu'en vertu d'une loi.

Art. V.

La commission de contrôle de la dette publique est chargée de surveiller et de contrôler l'exécution des prescriptions de l'art. III et de l'art. IV de la présente loi.

A cet effet, la susdite commission détient une des clefs de la caisse où sont déposées ces monnaies d'or.

La commission rendra compte de l'exercice de ce contrôle, chaque fois qu'elle le jugera à propos, mais au moins une fois par an, dans un rapport spécial au Reichsrath.

Art. VI.

Le ministre des finances est chargé de présenter en temps utile un projet de loi spécial sur la réglementation de la dette flottante en bons hypothécaires, d'un montant maximum de cent millions de florins, valeur autrichienne, ou des billets d'État représentant ces bons dans la circulation.

ART. 7.

Notre ministre des Finances est chargé de l'exécution de la présente loi qui entrera en vigueur le jour de sa promulgation.

Offensee, 2 *août* 1892.

Signé : FRANÇOIS-JOSEPH.

TAAFFE. STEINBACH.

Loi du 2 août 1892, concernant la conversion des obligations de la Rente papier 5 0/0 libre d'impôt, des obligations 5 0/0 du chemin de fer de l'État du Vorarlberg et des obligations 4 3/4 0/0 du chemin de fer Kronprinz-Rodolphe.

Avec l'assentiment des deux Chambres du Reichsrath, Nous ordonnons ce qui suit :

ARTICLE PREMIER.

Pour le remboursement :

a) Des obligations émises en vertu de la loi du 11 avril 1881 (Bulletin officiel n° 33), de la dette des Royaumes et États représentés au Reichsrath, portant intérêt à cinq pour cent, en papier, net de tout impôt.

b) Des obligations émises en vertu de la loi du 8 avril 1884 (Bulletin officiel n° 51), non encore sorties au tirage, hypothéquées sur les lignes du Vorarlberg, portant intérêt à 5 0/0 argent, valeur autrichienne remboursable au plus tard dans l'année 1962, et portant la date du 12 décembre 1886.

c) Des obligations émises en vertu de la loi du 8 avril 1884 (Bulletin officiel n° 51), non sorties au tirage, hypothéquées sur les lignes du chemin de fer Kronprinz Rodolphe, portant intérêt à 4,3/4 0/0 argent, valeur autrichienne, remboursables au plus tard dans l'année 1960, et portant la date du 12 juillet 1888.

Le Gouvernement est autorisé à contracter des emprunts portant un intérêt maximum de 4 0/0, net d'impôt, et cela pour les obligations désignées *a*, sous la forme d'une rente de la dette des Royaumes et États représentés au Reichsrath ; pour les obligations désignées sous *b* et *c*, sous la forme d'obligations de chemins de fer de l'État, avec la même garantie hypothécaire et les mêmes délais d'amortissement. Ces emprunts devront être émis de façon à ce qu'il en résulte pour le Trésor public une économie permanente par rapport à l'annuité actuelle.

Les trois catégories d'obligations ci-dessus dénommées devront par conséquent, en une fois ou par séries, être appelées soit au remboursement, soit à la conversion, et cela de façon que le paiement des intérêts cesse à dater du terme qui sera fixé par le ministre des finances.

ART. 2.

Notre ministre des Finances est chargé de l'exécution du présent décret, qui entrera en vigueur le jour de sa promulgation.

Offensee, 2 *août* 1892.

FRANÇOIS-JOSEPH.

TAAFFE. STEINBACH.

Promulgation par le ministre I. R., président du Conseil, en date du 11 août 1892, de la convention monétaire conclue entre le ministère des Royaumes et États représentés au Reichsrath et le ministère des Pays de la Couronne de Hongrie.

En exécution de la loi du 2 août 1892 (Bulletin officiel n° 127), il a été conclu, entre le ministère des Royaumes et Pays représentés au Reichsrath et le ministère des Pays de la Couronne de Hongrie, une convention monétaire dans les termes prescrits par la loi.

En même temps, et en exécution de l'article 22 de ladite loi, il a été convenu entre les deux Gouvernements que le 11 août 1892 serait le jour de la promulgation et la date de la mise en vigueur de cette loi.

TAAFFE.

Arrêté du ministre des finances en date du 11 août 1892 pour l'exécution de l'article 8 de la loi du 2 août 1892 (Bulletin officiel n° 126), par laquelle a été établi le système monétaire de la couronne et en exécution de la loi du 2 août 1892 (Bulletin officiel n° 129) relative à une addition à l'article 87 des Statuts de la Banque Austro-Hongroise.

I. En vertu de l'article 5 de la loi du 2 août 1892 (Bulletin officiel n° 127), par laquelle le ministère des Royaumes et États représentés au Reichsrath est autorisé à conclure une convention monétaire avec le ministère des Pays de la Couronne de Hongrie, et d'accord avec le ministre des finances hongrois, il a été décidé, en exécution de l'art. 8 de la loi du 2 août 1892 (Bulletin officiel n° 126) que le droit de frappe des pièces de vingt couronnes, pour compte des particuliers, est fixé, jusqu'à nouvel ordre, comme suit :

L'administration de la Monnaie I. R. à Vienne devra, pour la frappe des pièces en or de 20 couronnes pour compte de particuliers, en en exceptant toutefois la frappe pour le compte de la Banque austro-hongroise, prélever un droit de frappe de 6 couronnes par kilogramme d'or fin.

Pour la frappe au compte de la Banque austro-hongroise, le droit est fixé à 4 couronnes par kilogramme d'or fin.

II. La Banque austro-hongroise est, par suite, tenue, au sens de la loi du 2 août 1892 (Bulletin officiel n° 129) de faire l'échange de ses billets contre des lingots en or, sur le pied de 3,276 couronnes pour 1 kilogramme d'or fin.

III. L'époque à laquelle la Monnaie I. R., à Vienne, pourra frapper pour compte de particuliers des pièces de 20 couronnes, et les autres conditions dans lesquelles devra se faire cette frappe seront l'objet d'une décision particulière.

IV. Cet arrêté est exécutoire à dater du jour de sa publication.

Signé : STEINBACH.

Conditions auxquelles la Banque Austro-Hongroise à Vienne et à Budapest achète l'or.

A partir du 11 août la Banque austro-hongroise à Vienne et à Budapest, en vertu de l'addition à l'article 87 de ses Statuts, échange l'or en barres contre des billets de banque. Les conditions auxquelles se fera cet échange sont les suivantes :

1° Les lingots devront avoir un poids minimum de 2 1/2 kilogrammes et ne devront pas contenir moins de 900/1000 d'or fin.

Il sera bien accepté des lingots d'un titre d'or fin moindre, mais alors il sera déduit un droit de 2 fl., valeur autrichienne, par kilogramme brut.

2° Le prix d'achat est de 1,638 fl., valeur autrichienne, ou 3,276 couronnes par kilogramme d'or fin.

3° Pour les lingots, non accompagnés d'un certificat d'essayage émanant, soit du bureau de la Monnaie I. R., de Vienne, soit du bureau royal hongrois de Kremnitz, il y aura à déposer un droit d'essayage de 1 fl. par lingot, et le paiement ne sera fait au vendeur qu'après essayage du lingot.

4° Le vendeur s'engage à reprendre au prix qui lui a été payé, et cela dans un délai de 6 mois, les lingots refusés comme étant, par exemple, cassants ou renfermant de l'iridium. La Banque austro-hongroise se réserve le droit de réduire le délai de garantie à trois mois, dans le cas où le monnayage à la Monnaie I. R., de Vienne, et à la monnaie royale hongroise de Kremnitz, pourrait être fait dans un délai moindre, avec les lingots qui leur auront été remis.

En outre, la Banque austro-hongroise achètera aux prix ci-dessous les monnaies de commerce en or, indigènes et étrangères :

Par kilogramme brut	Florins O. W.	Couronnes
1° Pièces égyptiennes de 100 piastres, année 1885.	1433.0862	2866.1724
2° Alphonse, empreinte à partir de 1881 (excepté Alphonse XIII)	1470.105	2940.21
3° Pesos en or de l'argentine	1473.381	2946.762
4° Ducats autrichiens..	1613.0205	3226.041
5° Aigles	1474.2	2948.4
6° Pièces de 20 fr. (y compris celles d'Autriche, de Hongrie, de Monaco, de Roumanie, de Serbie et à l'exclusion de celles de la Grèce). Pièces de 10 et 5 fr. avec déduction de 1/10 0/00 du poids brut..	1473.381	2946.762
7° Pièces hollandaises de 10 florins (double Guillaume or)...............	1474.0362	2948.0724
8° Yens Japonais......	1474.0362	2948.0724

Par kilogramme brut	Florins O. W.	Couronnes
9° Couronnes suédoises et danoises..............	1473.381	2946.762
10° Livres turques....	1498.77	2997.54
11° Pièces de 20 marks, pièces de 10 et de 5 marks avec déduction de 1/10 0/00 du poids brut......	1473.381	2946.762
11° Impériales russes (anciennes).............	1501.227	3002.454
13° Impériales russes (nouvelles 1/1 1/2)......	1473.8724	2947.7448
14° Souverains..	1501.227	3002.454

Vienne, 10 *août* 1892.

Voici, d'autre part, le nouveau tarif valable à partir de janvier 1893 :

	Par kilogramme brut	
	Florins val. aut.	Couronnes
	—	—
1. Pièces égyptiennes de 100 piastres, année 1885....	1430.9429	2861.8858
2. Alphonse, frappe à partir de 1881 (excepté Alphonse XIII)...........	1467.958	2935.916
3. Pesos en or de l'Argentine	1473.23365	2946.4673
4. Ducats autrichiens et hongrois.................	1615.0703	3230.1406
5. Aigles (entiers et demi)...	1474.0526	2948.1052

	Par kilogramme brut	
	Florins val. aut.	Couronnes
	—	—
6. Monnaies d'or, système du franc (françaises, italiennes, belges, suisses, autrichiennes, hongroises, de Monaco, roumaines et serbes, excepté grecques et papales.)...........	1473.23365	2946.4673
7. Pièces hollandaises de 10 florins (double Guillaume d'or.)................	1473.8888	2947.7776
8. Pièces de 5 yens japonaises	1473.8888	2947.7776
9. Pièces de 20 couronnes, suédoises et danoises ...	1473.23365	2946.4673
10. Livres turques...........	1498.6201	2997.2402
11. Monnaies d'or impériales allemandes	1473.725	2947.450
12 1/2 impériales russes anciennes	1501.0769	3002.1538
13. 1/2 impériales russes nouvelles................	1473.725	2947.450
14. Souverains effigie Victoria.	1501.0769	3002.1538

R.F. BIBLIOTHÈQUE NATIONALE IMPRIMÉS

Paris. — Imp. Paul DUPONT, 4, rue du Bouloi.